SERVICE FUNÈBRE

DE

M. EUGÈNE BERSIER

PASTEUR DE L'ÉGLISE RÉFORMÉE DE FRANCE

SERVICE FUNÈBRE

DE

M. EUGÈNE BERSIER

PASTEUR DE L'ÉGLISE RÉFORMÉE DE FRANCE

CÉLÉBRÉ

LE VENDREDI 22 NOVEMBRE 1889

A

l'Eglise évangélique de l'Etoile

PARIS

ÉGLISE ÉVANGÉLIQUE DE L'ÉTOILE

54, AVENUE DE LA GRANDE-ARMÉE, 54

—

1889

SERVICE

CÉLÉBRÉ

A L'ÉGLISE ÉVANGÉLIQUE DE L'ÉTOILE

CHŒUR

Tu reposes dans la paix de Dieu!
Du ciel tu vois la lumière,
Pendant que, sur cette terre,
Nous te disons adieu.
Le Tout-Puissant est ton Père.
Tu reposes dans la paix de Dieu!

Tu reposes dans la paix de Dieu!
Pour toi, la lutte est finie,
Et de l'éternelle vie
Tu jouis au saint lieu.
Le ciel devient ta patrie.
Tu reposes dans la paix de Dieu!

LITURGIE

Le ministre :

Notre aide soit au nom du Père, du Fils et du Saint-Esprit. Amen !

L'assemblée :

Seigneur, sois au milieu de nous.

Le ministre :

« Toute chair est comme l'herbe, et son éclat comme la fleur des champs. L'herbe sèche, la fleur tombe, quand le vent de l'Eternel a soufflé sur elle. L'herbe sèche, la fleur tombe ; mais la Parole de notre Dieu demeure éternellement. » (Esaïe LX, 6-8.)

Prions Dieu.

O Dieu de justice et de sainteté, toi « qui réduis l'homme mortel en poussière et qui dis : Fils des hommes, retournez dans la terre » (Ps. XC, 3), nous nous humilions profondément devant ta face, en ce jour de deuil, où tu viens de retirer de ce monde un de nos frères que tu appelles à comparaître devant toi pour te rendre compte de sa vie.

Nous te remettons cette âme immortelle pour laquelle le sang de ton Fils a été répandu sur la croix. C'est à toi seul qu'appartient le jugement, Seigneur. Tu es fidèle envers ceux qui ont mis en toi leur espérance, et, si tu es saint et juste en toutes tes voies, nous qui sommes pécheurs et qui n'avons de refuge qu'en ta grâce, nous nous souvenons aussi que tu es miséricordieux et clément.

Veuille, ô Dieu, nous t'en supplions, bénir, pour notre propre salut, le solennel avertissement que tu nous adresses, en nous réunissant autour de ce cercueil. Aujourd'hui encore, tu nous fais nous souvenir de notre néant. Aujourd'hui encore tu nous rappelles qu' « il est ordonné à tous les hommes de mourir une fois, après quoi suit le jugement. » (Hébr. IX, 27.) Aujourd'hui encore tu nous dis : « Dans un peu de temps, Celui qui doit venir viendra. » (Hébr. X, 37.) « Voici, le Juge est à la porte. » (Jacq. V, 9.) « Préparez-vous à rencontrer votre Dieu. » (Amos IV, 12.)

Père de miséricorde, ne permets pas que nous demeurions sourds à cet appel de ta grâce, de peur qu'abusant de ta patience, nous n'attirions sur nous ta juste condamnation. Remplis nos cœurs d'une sincère repentance. Donne-nous à tous la foi qui sauve, et la sanctification sans laquelle nul ne verra ta face. Affermis notre espérance, détache-nous de tout ce que tu condamnes, en sorte que nous marchions devant toi dans la justice et dans la vérité, comme des citoyens des cieux et des héritiers de la vie éternelle. Amen !

L'assemblée :

Amen !

Le ministre :

O Dieu qui es Amour, nous te supplions de répandre ta consolation et ta paix dans les âmes de ceux d'entre nous que tu affliges aujourd'hui. Inspire-leur une soumission filiale à ta sainte volonté. Apprends-leur à dire, avec un abandon sans réserve, et une entière confiance : « L'Éternel l'avait donné, l'Éternel l'a repris, que le nom de l'Éternel soit béni. » (Job I, 21.) Amen !

L'assemblée :

Amen !

Le ministre :

O Dieu, bénis ta Parole que nous allons lire en ta présence. Qu'elle éclaire nos ténèbres, qu'elle relève nos âmes abattues, qu'elle nous instruise tous à salut. Amen !

L'assemblée :

Amen !

Le ministre :

Écoutez la Parole de Dieu.

« Seigneur, tu as été pour nous une retraite d'âge en âge. Avant que les montagnes fussent nées, et que tu eusses créé la terre et le monde, d'éternité en éternité tu es Dieu. Tu réduis l'homme mortel en poussière, et tu dis : Fils des hommes, retournez dans la terre ! Car mille ans sont, à tes yeux, comme le jour d'hier qui n'est plus, et comme une veille de la nuit. Tu les emportes comme par un torrent d'eau. Ils sont comme un songe. Ils ressemblent à l'herbe qui change. Elle fleurit le matin, et elle se fane. On la coupe le soir, et elle sèche. Nous sommes consumés par ta colère, et nous sommes troublés par l'ardeur de ton courroux. Tu fais apparaître devant toi nos iniquités, et devant la clarté de ta face nos fautes cachées. Tous nos jours disparaissent par ton courroux, et nous voyons nos années s'évanouir comme une pensée. Les jours de nos années s'élèvent à soixante et dix ans, et pour les plus robustes, à quatre-vingts ans, et le plus beau de ces jours n'est que peine et misère ; il passe vite et nous nous envolons. Qui est-ce qui prend garde à la force de ta colère, et à ton courroux, pour apprendre à te craindre ? Enseigne-nous à tellement compter nos jours, que nous puissions avoir un cœur sage. Reviens, Éternel, jusques à quand... ? Aie pitié de tes serviteurs ! » (Ps. XC, 1-13.)

« Que vos reins soient ceints, et vos lampes allumées. Soyez semblables à des gens qui attendent le moment où leur maître doit revenir des noces, afin de lui ouvrir dès qu'il arrivera et qu'il heurtera. Heureux les serviteurs que le Maître trouvera veillant quand il viendra ! Qu'il vienne à la seconde veille ou qu'il vienne à la troisième, s'il les trouve en cet état, heureux ces serviteurs-là ! » (Luc XII, 35-38.)

« Vous savez bien que le jour du Seigneur viendra comme un voleur dans la nuit. Mais vous, mes frères, vous n'êtes point dans les ténèbres pour que ce jour vous surprenne. Vous êtes tous enfants de la lumière et enfants du jour. Nous ne sommes pas de la nuit ni des ténèbres. Ne dormons donc point comme les autres, mais veillons et soyons sobres. » (I Thess. V, 2 et 4-7.)

« Nous n'avons point ici-bas de cité permanente, mais nous cherchons celle qui est à venir. » (Hébr. XIII, 14.)

« Notre demeure est enlevée et transportée loin de nous comme une tente de berger. Le fil de notre vie est coupé comme par un tisserand qui nous retrancherait de sa trame. Du jour à la nuit tu nous as achevés. » (Esaïe XXXVIII, 12.)

« Nous ne regardons point aux choses visibles, mais aux invisibles; car les choses visibles ne sont que pour un temps, mais les invisibles sont éternelles. Nous savons, en effet, que si cette tente où nous logeons sur la terre est détruite, nous avons dans les cieux un édifice qui vient de Dieu, une maison éternelle qui n'a point été faite par la main des hommes. » (2 Cor. IV, 18, et V, 1.)

« Or, nous attendons, selon sa promesse, de nouveaux cieux et une nouvelle terre, où la justice habitera. » (2 Pierre III, 13.)

« Ils sont morts dans la foi, sans avoir reçu les choses qui leur avaient été promises, mais ils les ont vues de loin ; ils y ont cru, ils les ont embrassées, et ils ont fait profession d'être étrangers et voyageurs sur la terre. Ceux qui parlent ainsi font bien voir qu'ils cherchent leur patrie; or c'est à une patrie meilleure qu'ils aspiraient, nous voulons dire celle qui est dans le ciel. C'est pourquoi Dieu ne dédaigne pas de s'appeler leur Dieu, car il leur a préparé une cité. » (Hébr. XI, 13-16.)

« Ceux qui auront été intelligents brilleront comme la splendeur du ciel, et ceux qui auront enseigné la justice à la multitude brilleront comme les étoiles, à toujours et à perpétuité. » (Daniel XII, 3.)

Éternel, « que je meure de la mort du juste, et que ma fin soit semblable à la sienne! » (Nombr. XXIII, 10.)

DISCOURS

DE

M. LE PASTEUR LOUIS VERNES

PRÉSIDENT DU CONSISTOIRE RÉFORMÉ DE PARIS

Mes frères,

Je viens, au nom du Consistoire de l'Église réformée de Paris, rendre hommage à la mémoire de M. le pasteur Bersier, — mais quel hommage égalerait l'impression produite par cette nouvelle répandue dans nos familles, dans les établissements, dans les lieux publics, avec une surprenante et éloquente rapidité : « M. Bersier est mort cette nuit ! »

La veille, réuni à quelques amis, il s'occupait d'établir un lien commun entre plusieurs Églises sœurs de la nôtre, en vue de leur développement mutuel. — Le soir, il présidait, avec sa fidélité accoutumée, une réunion populaire d'édification. — Au retour, à une heure déjà tardive, travailleur infatigable, il s'était remis au travail et, quelques heures plus tard, il rendait son âme à Dieu.

Au soir, il annonçait l'Évangile et avant l'aube il était près de son Maître.

« Heureux le serviteur que le Maître trouvera vaillant quand il viendra. »

Une voix amie et autorisée a raconté les débuts difficiles de la vie de M. Bersier. — Dès sa jeunesse se manifestaient cette force de volonté, cette persévérance, qui, disciplinées par la grâce divine, nous donnent le secret des succès de son ministère.

M. Bersier ne détournait jamais son regard du but qu'il se proposait d'atteindre, mais il savait tenir compte des circonstances, il avait à un haut degré le sentiment de la mesure, le sentiment du possible, et sa patience égalait son ardeur. Ses rapports avec ses collègues étaient pleins d'aménité. Son autorité était grande dans les Conseils de l'Église.

Qu'il soit permis au président du Consistoire d'exprimer ce qu'est pour lui la perte d'un tel collègue, d'un tel ami! — Il avait pris une part considérable, je pourrais dire prépondérante, à l'organisation synodale officieuse de notre Église. Elle avait en lui un défenseur aussi judicieux qu'énergique de ses intérêts et de ses droits.

Il ne m'appartient pas, dans les quelques paroles que je suis appelé à prononcer, de retracer la carrière ecclésiastique de notre frère. — M. le pasteur Vinard, son collaborateur, son collègue, vous entretiendra de cette œuvre de l'Étoile, qui était l'œuvre de prédilection de M. Bersier.

Je pourrais vous parler du prédicateur, mais que dirais-je d'égal à ce que vous voyez? — Cette assemblée qui se presse dans cette église, — cette foule qui en assiège les abords, sont les témoins de la puissance, des bénédictions accordées par Dieu à sa prédication. — M. Bersier tenait à être pasteur, aussi bien que prédicateur. Il avait demandé, au Conseil presbytéral, auquel ressortit l'église de l'Étoile, un territoire limité pour y exercer plus particulièrement les fonctions pastorales.

M. Bersier aimait à s'occuper personnellement des pauvres. Il leur faisait la charité de son temps aussi bien que celle de ses dons. — A ses jours de réception, pour parvenir jusqu'à lui, j'en ai fait l'expérience, il fallait traverser les rangs des pauvres.

M. Bersier a connu les épreuves, mais il a eu de grandes joies. — Il a joui, cette année même, de la belle fête de l'inauguration du monument de Coligny, monument dû à son initiative d'abord, puis à d'incessantes démarches, à de nombreux efforts personnels. — Il a joui de l'affection et de la confiance de ses collègues. — Il a joui de l'amour constant de son troupeau, de ce troupeau qui lui imposa, en quelque sorte, la construction de l'église de l'Étoile, puis la rendit possible par de généreux sacrifices. — Il a été le témoin, et il en bénissait Dieu, de l'influence de sa parole, si chrétienne et si humaine, — de cette parole réclamée par un si grand nombre d'Églises de France et de l'étranger, et de l'influence plus étendue de sa parole écrite.

M. le pasteur Bersier avait exprimé le désir de quitter cette terre avant le déclin de ses forces, Dieu l'a exaucé en le rappelant dans la plénitude de ses facultés et de son activité; mais ce qui a été une bénédiction pour lui, rend plus sensible encore pour les siens, pour l'Église, la douleur de la séparation.

Mes frères, en répétant cette parole : « Heureux le serviteur que le Maître trouvera veillant quand il viendra », ajoutons pour nous-mêmes :

« Veillons! »

DISCOURS

DE

M. LE PASTEUR VINARD

> J'ai combattu le bon combat, j'ai achevé ma course, j'ai gardé la foi... La couronne de justice m'est réservée.
>
> (II Tim. IV, 7, 8.)

Ainsi parlait saint Paul, la veille de sa mort : ainsi aurait pu nous parler le grand serviteur de Dieu que nous pleurons; c'est l'adieu par lequel, s'il eût prévu le moment de sa mort, il aurait pu prendre congé de son Église et de sa famille, avec la tendresse virile d'un père qui veut consoler ses enfants, avec l'humilité d'un chrétien qui rend gloire à Dieu.

Il fut un soldat dévoué du Chef suprême de l'Église ; et c'est au champ d'honneur qu'il a été frappé, au terme d'une journée laborieuse, quelques instants après avoir tenu, dans un quartier ouvrier, un de ces services populaires auxquels, pendant dix années, il a fidèlement consacré un temps qui semblait dû à son repos.

Cette âme si aimante avait quelque chose d'héroïque.

Lorsqu'il se sentait approuvé par Dieu dans une entreprise, il s'y engageait avec une indomptable résolution de réussir; arrêté par un obstacle infranchissable, il attendait l'heure opportune, puis reparaissait avec une énergie nouvelle, sans précipitation ni retard, sans faiblesse ni emportement, tenant avec fermeté le chemin du possible pour arriver au nécessaire, dans l'intérêt des hommes et pour la gloire de Dieu.

On peut caractériser le combat qu'il a soutenu, par le mot que s'appliquait saint Paul : « J'ai gardé la foi. » Dans la carrière que Dieu lui avait tracée, il a été moins un homme d'attaque qu'un homme de défense. Au déclin de ce siècle, où la foi chrétienne est ébranlée, tandis que d'autres se portent en avant pour attaquer ceux qui la combattent, il s'est établi dans tous les retranchements où elle s'abrite encore, pour l'encourager et pour la défendre.

Il l'a « gardée » d'abord dans sa propre âme. Sa vie était le sanctuaire où s'entretenait la flamme qui, tant de fois, ralluma l'espoir dans les âmes en détresse, et montra leur chemin aux volontés errantes. Il n'ignorait pas les luttes de la pensée contemporaine, on en pouvait percevoir l'écho dans toutes ses prédications : mais ce qui y dominait toujours, c'était l'accent d'une foi vibrante et joyeuse. Ayant foi au Christ, il avait foi non seulement en Dieu, mais en l'âme humaine. « Il y a sans doute de l'incrédulité dans notre « temps », disait-il dans la dernière de ses admirables méditations familières du mercredi, « mais l'incrédulité a régné « dans tous les temps, et il ne faut pas croire que le dix- « neuvième siècle l'ait inventée; nous constatons, au con- « traire, que la volonté de Dieu conserve aujourd'hui toute

« sa force pour remporter la victoire. » Et voici les derniers mots de sa dernière prédication dans cette chaire, dimanche dernier : « Nier l'éternité, c'est insulter aux déshérités de la « terre ; il la faut affirmer pour que la solidarité humaine, « dont ils sont ici-bas victimes, ne soit pas leur écrasement. « Vous croyez à cela peut-être parce que vous souffrez, il « y faut croire à cause de la Justice. Au nom de la Justice « divine, j'affirme l'Éternité! »

Cette foi, dont il a gardé le dépôt dans son âme, il l'a puissamment défendue dans l'Église. Il l'a défendue par sa fidélité. Quel émouvant spectacle que celui du témoignage rendu par lui au divin Maître, pendant tant d'années, par la parole et par la plume, dans l'activité publique et dans les relations privées. Toujours sur la brèche, ne reculant devant aucun labeur pour porter du secours partout où l'on en réclamait de lui; ici entreprenant, malgré d'incalculables difficultés, de faire élever, en plein Paris, cette statue de Coligny, qui rappelle enfin à la patrie française que nos ancètres en la foi doivent être comptés parmi ses plus nobles enfants; là, multipliant les démarches pour soulager la misère la plus obscure : il joignait, dans le ministère pastoral. la ponctualité professionnelle la plus irréprochable au zèle apostolique le plus universel et le plus ardent.

Mais ce qui contribua le plus, avec sa fidélité, à la défense de la foi dans nos Églises, ce fut sa largeur. Il allait au-devant de toutes les opinions, non seulement avec tolérance et loyauté, mais avec une sollicitude affectueuse. Il était de ceux qui, avant de parler à l'âme humaine, s'inclinent vers elle pour l'écouter et la comprendre. De là ces magnifiques généralisations, qui, élevant nos questions reli-

gieuses au-dessus de l'étroite enceinte de l'Église, sans toutefois les réduire à des abstractions, commandaient la sympathie attentive de toute âme, à quelque région de la pensée contemporaine qu'elle appartînt, qui entendait cette voix si éloquente et si pure lui parler avec tant de respect et d'amour. L'originalité frappante de l'Église qu'il a fondée, c'est qu'elle était à la fois, entre ses mains, un des sanctuaires les plus recueillis où les âmes croyantes fussent heureuses de s'abriter, et l'aréopage ouvert où toutes les opinions de notre temps pussent écouter l'apologétique chrétienne la plus réfléchie et la plus hardie.

Voilà donc le poste d'honneur où Dieu l'avait placé! Et tout à coup, au moment où son ministère, qui avait tant de fois reçu la consécration de l'épreuve, recevait celle des bénédictions les plus éclatantes, où, de toutes parts, dans cette Église et dans le protestantisme français, on regardait à lui, où sa force, renouvelée, après des fatigues récentes, faisait espérer une longue carrière, la main de Dieu s'étend sur lui, et l'emporte du champ de combat au séjour du repos. Le vide immense, inattendu, qu'il laisse après lui, nous fait voir, de tous côtés, des forteresses démantelées, au pied desquelles les plus vaillants se déconcertent, en regardant, dans la poussière, la grande armure tombée de ses mains.

Eh bien! en face de son cercueil, ce qui doit retentir sous la voûte de cette église, ce n'est pas un cri de détresse, c'est une parole de foi! Non, il n'est pas possible que Dieu n'ait donné à nos Églises protestantes françaises le trésor d'un tel apostolat que pour les blesser plus cruellement en le leur reprenant! Il n'est pas possible que l'œuvre spéciale dans les fondations de laquelle est entrée une aussi noble vie n'ait pas une influence durable. Membres de cette Église, vous auprès desquels il fut le messager de la Bonne Nouvelle, puisque vous avez recueilli les fruits de sa foi, ayez à cœur de ne la point démentir! Ce trésor de foi qu'il a gardé pour vous et vous a transmis, soyez-en les dépositaires fidèles! Continuez dans cette région cette activité missionnaire dont il vous a donné l'exemple et qui, dans sa pensée, s'imposait à toute Église digne de ce nom! Soyez le prolongement de son œuvre! Soyez aussi sa récompense! Saint Paul mourant réclamait une couronne, il l'attendait de la justice éternelle : entrez maintenant dans les plans divins pour qu'une couronne aussi soit donnée à celui qui a combattu au milieu de vous le bon combat! La couronne qu'il faut aux serviteurs de l'Église, ce sont des âmes conquises pour le Seigneur!

O maître vénéré et bien-aimé dans le ministère pastoral, avec qui je me suis chaque jour rapproché du Maître souverain que nous servions ensemble, ne déposerai-je pas, comme une humble couronne funéraire, sur votre cercueil, le témoignage de ma propre âme que votre départ a meurtrie, mais à qui, par votre ministère, vous avez été en bénédiction! Dès longtemps, avant mon entrée dans la carrière pastorale, vous m'avez fait du bien sans le savoir. Plus tard votre bienveillante affection est venue m'encourager, dans une tâche bien douce mais difficile, parmi quelques-uns de ces déshérités de la terre, dont un si grand nombre révèlent aujourd'hui, par leur désespoir, tout ce que vous fûtes pour eux. Enfin quand j'ai eu cet honneur inattendu de servir Dieu à côté de vous, je ne sais le bien que j'ai pu vous faire en vous aidant, mais je sais celui que j'ai reçu de vous; et s'il m'est donné d'avoir, à quelque degré, dans mon ministère, cette douceur dans le courage, cette tranquillité dans l'énergie et cette largeur dans la foi dont j'ai pu voir de si près en vous les exemples, que ce soit un témoignage de plus, devant Dieu, du bien que vous avez fait ici-bas !

Et vous, ô vénérée famille en deuil, dont nous n'avons pas encore prononcé le nom, mais qui n'avez pas été absente un seul instant de notre pensée, et qui, dans votre abnégation, nous approuvez d'essayer avant tout de consoler l'Église, vous surtout, ô noble compagne de celui qui n'est plus, vous en qui nous avons la consolation de retenir une partie de son âme, c'est à vous surtout, avec tous les êtres aimés qui entourent votre solitude, de continuer une grande œuvre. Continuez-la par cette sérénité chrétienne dans l'épreuve, qui est une des prédications vivantes dont l'affligé est le plus avide! Abondez avec courage dans la vie spirituelle et l'activité chrétienne qui eussent contribué, qui peuvent contribuer *dès maintenant*, comme tout porte à le croire, à cette joie du Seigneur, où est entré celui que Dieu vous a repris : vous y contribuerez surtout au jour où, réunis à lui dans le ciel, vous serez à jamais les plus précieux joyaux de sa couronne et la plus douce récompense de sa fidélité.

DISCOURS

DE

M. LE PASTEUR MOULINE

PRÉSIDENT

DE LA COMMISSION PERMANENTE DU SYNODE GÉNÉRAL OFFICIEUX

Je dois à l'honneur qui m'est échu de présider la Commission permanente du Synode général des Églises réformées évangéliques de France le douloureux privilège de prendre la parole devant l'imposante assemblée qui s'est formée dans cette enceinte pour rendre les derniers devoirs au pasteur éminent qui a été enlevé à l'affection de sa famille et de toute l'Église par un véritable coup de foudre. M. Bersier est mort... le vide qu'il laisse est immense partout, immense aussi au sein de la Commission à laquelle le Synode a confié l'exécution de ses décisions et le soin des intérêts qu'il représente. Il n'était pas possible qu'il ne fût rien dit ici et à cette heure au nom d'une Commission dont

M. Bersier a été l'un des membres les plus considérables, les plus zélés et les plus aimés; mais ce qu'il y aurait à dire, je regrette sincèrement que des collègues plus autorisés que moi, et qui ont mieux connu celui que nous pleurons, ne soient pas là pour le dire.

Je ne parlerai pas des talents de M. Bersier, si connus et si admirés de tous; mais ce que je tiens à dire ou à redire, après les frères qui m'ont précédé dans cette chaire, c'est que ces talents ont été entièrement consacrés à la gloire de Dieu, à la cause la plus noble, la plus sainte, la plus utile dans le sens élevé de ce mot : la cause de l'Évangile de Jésus-Christ, Fils de Dieu, mort pour nos offenses et ressuscité pour notre justification, l'Évangile de l'Incarnation et de la Croix, l'Évangile que Dieu a donné et que Dieu a fait, et qui, pour être toujours méconnu et combattu par le péché ou traité de folie par l'orgueilleuse sagesse humaine, n'en reste pas moins la puissance de Dieu, la seule puissance de salut pour les individus et les sociétés. L'Évangile, ai-je dit, et j'ajoute l'Église, la gardienne de ce précieux dépôt, le grand témoin de ce témoignage de Dieu, la colonne et l'appui de cette vérité qui sauve, cette vérité sans laquelle il n'y aurait plus pour l'Église ni force, ni vie, ni raison d'être.

C'est au progrès de l'Évangile et au bien de l'Église que M. Bersier a fait servir les facultés supérieures qu'il avait reçues, sa rare puissance de travail, son vaste savoir, ses dons si remarquables d'orateur et d'écrivain. Le zèle de la maison de Dieu l'a dévoré. Voilà ce qu'on peut dire de tout son inistère et de toute sa vie si remplie, si bien remplie, si féconde, hélas! et si brusquement éteinte, au moment où elle portait les plus beaux fruits. Voilà ce qui est particulièrement vrai de l'activité qu'il a déployée dans la sphère de nos Commissions synodales et de la part si importante qu'il a prise à leurs travaux. Pour cette Église réformée de France qui était devenue l'Église de son choix, — choix sans étroitesse et qui ne l'a jamais empêché d'aimer les autres Églises chrétiennes, de voir l'Église au-dessus des Églises, — il était saintement jaloux du pouvoir et du droit que doit avoir toute Église de confesser le nom de son divin Chef, et de la force que lui donne, pour l'accomplissement de sa mission dans le monde, l'intime union de ses membres librement attachés à la même foi, ralliés au même drapeau et agissant avec ensemble sous l'empire de convictions et d'espérances communes.

Et, après l'expérience douloureuse de 1872, qui a démontré qu'il ne fallait pas attendre des Synodes officiels la véritable union de nos Églises, il avait embrassé avec une conviction ardente la cause des Synodes officieux, qui, fondés sur la double base de la libre foi et d'une autorité toute morale, pouvaient seuls leur assurer ce grand bienfait. Cette cause de nos Synodes était pour lui la cause même de nos Églises, de leur conservation, de leur dignité, de leur avenir, de leur influence sur les destinées de notre bien-aimée patrie. C'était vraiment, à ses yeux, une œuvre de Dieu ; il s'y dévoua de toute son âme, en collaboration avec un groupe d'hommes de cœur, également convaincus de la nécessité et de l'excellence de cette œuvre, et qui avaient dit comme Néhémie, en considérant avec tristesse les ruines et les brèches de notre chère Sion : « Levons-nous et bâtissons. » La bénédiction de Dieu ne leur a pas fait défaut ; et si, aujourd'hui, au terme de ces dix années qui nous séparent du point de départ de ce beau mouvement, nos Synodes sont rétablis, organisés, et fonctionnent régulièrement, si, à l'heure qu'il est, la majorité de nos Églises s'est ralliée à ce régime d'ordre et de liberté qui a été leur force et leur sauvegarde dans le passé, et qui est appelé à leur rendre d'inappréciables services dans l'avenir, si, grâce à leurs Synodes, ces chères Églises reprennent conscience d'elles-mêmes et peuvent affirmer en face d'autres Églises et devant le monde ce qu'elles sont, ce qu'elles croient et ce qu'elles veulent, c'est à ces hommes de foi et de dévouement qu'elles sont redevables de ces progrès et de ces bienfaits.

M. Bersier fut l'un de ces hommes et l'un des principaux d'entre eux. Il est intervenu d'une manière marquante et souvent décisive dans toutes les grandes questions intéressant cette restauration synodale qui honore le protestantisme contemporain. Il a présidé, pendant trois ans, on sait avec quelle distinction, quelle activité, quel dévouement, la Commission permanente qui a précédé celle que j'ai l'honneur de représenter ici. On n'a pas oublié le rôle prépondérant qu'il a rempli au Synode général de Saint-Quentin. C'est lui qui a lancé les premiers appels auxquels les Églises ont si promptement et si généreusement répondu, pour remplacer les bourses des étudiants en théologie supprimées par l'État. Il a beaucoup fait pour le maintien des facultés de théologie. C'est à lui que nos Églises doivent ce beau formulaire dont elles se servent et se serviront de plus en plus pour la consécration de leurs pasteurs, et cette magistrale étude sur la revision de la liturgie, qui est en ce moment l'objet des délibérations des Synodes particuliers, et fera faire, nous l'espérons, un pas décisif à la solution de cette grande question. Comme membre, et en dernier lieu comme président de la Commission de défense des droits et des libertés de nos Églises, il était toujours sur la brèche et nous rendait les plus précieux services. Il faisait si bien tout ce qu'il faisait, il y mettait tellement sa conscience, son cœur, l'application soutenue de ses hautes facultés, que nous étions toujours tentés de lui confier ce qu'il y avait de plus délicat et de plus difficile dans nos affaires ; plus il donnait, plus on lui demandait ; et c'est ainsi que les travaux et les responsabilités sont allés augmentant et se multipliant pour lui, jusqu'à ce qu'il ait succombé sous la tâche et qu'il soit mort debout, portant sur ses épaules le noble fardeau de l'Église.

Au sein de la Commission permanente, nous regardions instinctivement à lui, nous aimions à nous appuyer sur lui ; lorsqu'il était au milieu de nous (et il manquait bien rarement à nos séances), nous nous sentions plus éclairés et plus forts. Comme cet autre membre de la Commission permanente, cet éminent laïque que nous pleurons toujours, le bienheureux Émile Vautier, il était pour nous une lumière et une autorité, — une autorité bienfaisante qui se faisait aimer autant que respecter. Quelle aménité dans ses rapports avec tous ses collègues ! Quelle largeur de vues ! Quel respect des personnes ! Comme il savait à propos faire vibrer la corde de la charité, et se prêter à toutes les concessions qui pouvaient procurer la paix, sans compromettre la vérité ! La débonnaireté était un charme de plus de cette grande personnalité.

Quand nous pensons à tout ce qu'était M. Bersier, à tout ce qu'il faisait, et faisait supérieurement, à toutes les affaires qu'il suivait, à tous les intérêts qu'il avait en main, nous sommes effrayés du vide qu'il laissera au milieu de nous. Nous nous demandons ce que nous ferons sans lui, et comment sera recueillie sa lourde succession. Ah ! si quelqu'un, à vues humaines, était nécessaire à son œuvre et à l'œuvre que nous faisions avec lui, c'était bien lui ! Pourquoi le Seigneur ne nous a-t-il pas conservé plus longtemps cet homme fort qui vient de tomber en Israël et dont nous avions tant besoin ? Ses voies ne sont pas nos voies ! Qu'il nous donne de les accepter dans l'humilité et l'obéissance de la foi, et qu'il daigne lui-même réparer la brêche si profonde et si large qu'il vient de faire ! Et cette brèche, ne l'oublions pas, est une blessure infiniment douloureuse et qui saignera longtemps, non seulement pour tous ces cœurs que la mort de notre frère laisse désolés dans le foyer dont il était l'âme, non seulement pour cette chère Église de l'Étoile, où sa parole si goûtée ne se fera plus entendre, mais pour toute cette famille agrandie qui s'appelle l'Église réformée de France, cette famille qu'il aima tant, dont il fut tant aimé, et qui est aujourd'hui dans le deuil avec tous les siens ! Que le Dieu de miséricorde, le Dieu fidèle qui nous avait donné Bersier, comme il nous avait donné Émile Vautier, et qui nous les a repris, se souvienne de tous ces besoins, de toutes ces douleurs, de toutes ces blessures, pour apaiser, pour consoler, pour guérir ; et qu'il multiplie les forces et sa grâce à ceux qui travaillent encore, afin qu'ils puissent continuer la course sans défaillance et sans découragement, en regardant toujours à Christ, et après l'avoir servi comme l'ont servi ces vénérés compagnons d'œuvre, les retrouver dans la joie du Maître où ils nous ont devancés, et dont jouiront ensemble à jamais ceux qui sèment et ceux qui moissonnent !

DISCOURS

DE

M. LE PASTEUR KUHN

INSPECTEUR ECCLÉSIASTIQUE
PRÉSIDENT DU CONSISTOIRE DE L'ÉGLISE LUTHÉRIENNE DE PARIS

Mes frères,

L'Église luthérienne désire s'associer à votre grand deuil, et vous dire avec quel sentiment profond de vive et douloureuse sympathie elle se sent unie à vous dans l'épreuve qui vous accable.

Nous souffrons avec vous et nous pleurons avec vous cette mort si soudaine, parce que tout ce que vous aimiez en M. Bersier, nous l'aimions aussi : ce talent singulier, ce haut développement de l'intelligence, cette grâce d'éloquence et de persuasion chrétienne dont Dieu l'avait si richement doué, toutes ces grandeurs visibles qui, facilement, éveillent l'admiration; et quelque chose de plus grand encore, je veux dire l'incomparable beauté d'une âme droite, ferme et vaillante, résolue au sacrifice, entièrement consacrée au service de son Maître.

Nous l'aimions parce que nous savions que, si attaché qu'il fût à la foi, à la vie de votre Église réformée, son large esprit s'élevait à ces hauteurs sereines où l'on entrevoit toutes les réalités du Royaume de Dieu et où l'on s'écrie avec le Symbole des Apôtres : « Je crois la sainte Église universelle et la communion des saints. »

Nous l'aimions encore parce que, par la dignité de sa personne, l'éclat de son talent, il faisait honorer, aimer notre Protestantisme dans ce pays de France qui l'a tant méconnu. — Nous pensions qu'aux grands travaux accomplis, d'autres s'ajouteraient encore. Mais Dieu en a jugé autrement.

Quand des hommes de cette trempe sont retirés du monde, laissant inachevée leur œuvre bénie, il se fait un grand vide dans les âmes. On se dit qu'une force divine s'est évanouie ; on cherche à mesurer la grandeur de la perte qu'on a faite, et l'on se sent envahir par je ne sais quel sentiment de crainte et de désespérance.

Et, pourtant, Dieu est fidèle. Il est le réparateur des brèches, et sa Parole demeure éternellement. C'est dans cette foi inébranlable que nous avons à chercher les seules consolations efficaces.

C'est à Lui qu'il faut aller, ô vous, chers affligés, qui pleurez un époux, un père tendrement aimé.

Vous êtes digne, madame, de comprendre et d'accepter les consolations viriles, car vous avez vécu de la noble vie de votre époux. Avec lui vous avez travaillé, avec lui vous avez souffert, avec lui vous avez été bénie. Nul, au monde, ne peut soulager votre peine que Celui qui a dit : « Invoque-moi dans ta détresse, et je te délivrerai. » — Vous porterez saintement, humblement, patiemment, le poids de votre douleur ; vous attendrez, dans la foi et dans l'espérance, le jour désiré où Dieu essuiera les larmes de vos yeux, où il n'y aura plus ni deuil ni séparation. Et, comme c'est des cœurs blessés que viennent toutes les choses excellentes, vous consolerez à votre tour et vous fortifierez les chers vôtres en leur rappelant sans cesse que la bénédiction des pères repose sur les enfants.

DISCOURS

DE

M. LE PASTEUR DE PRESSENSÉ

PRÉSIDENT

DE LA COMMISSION SYNODALE DES ÉGLISES ÉVANGÉLIQUES LIBRES

Le deuil poignant et inopiné qui nous rassemble n'est pas seulement celui d'une famille atteinte dans ses plus chères affections ou d'une Église pleurant celui qui l'a fondée, accrue, édifiée pendant de longues années : c'est le deuil de tout notre protestantisme qui vient de perdre un de ses représentants les plus éminents, les plus chers, l'un de ceux qui l'ont le mieux servi et le plus honoré. Nous sommes tous frappés au cœur. Notre union des Églises évangéliques libres de France, que je représente comme président de la Commission synodale, m'a chargé d'être, à cette heure douloureuse, son interprète pour prendre une part directe dans l'hommage d'affection, de gratitude, de respect rendu à M. Eugène Bersier par toutes nos Églises de France, sans parler de cette vaste chrétienté évangélique du monde entier qui avait appris à le connaitre et à l'aimer grâce aux nombreuses traductions de ses sermons. Combien de chrétiens de tous pays s'étaient, cet été même, pressés aux pieds de sa chaire !

Je voudrais surtout parler ici comme ancien frère d'armes, que tant de liens étroits ont uni à Eugène Bersier, et qui ne se console pas de le voir disparaître, l'un des premiers de notre phalange. Je n'oublierai jamais notre première entrevue. Il revenait des États-Unis où il avait été gagner l'argent de ses études théologiques, au prix de quel labeur ! et dans l'isolement de la séparation. Je ne connais pas de début de carrière plus digne de respect. Quelle belle flamme de jeunesse brillait sur sa noble physionomie ! Il était dans le plein épanouissement de ses vingt ans, l'âme ouverte à la poésie comme aux préoccupations de la pensée. Quelques années plus tard il revenait à Paris après avoir terminé les études qu'il avait faites à l'Oratoire de Genève. Je compris de suite tout ce qu'il y avait en lui de richesse intellectuelle et morale. Nous venions de fonder la *Revue chrétienne.* Nous y avons combattu ensemble pendant vingt ans le combat de la liberté dans tous les domaines, selon cette noble devise que nous cherchions à réaliser : L'Évangile et la Liberté. N'ayant pas encore la charge accablante du ministère dans une Église nombreuse (car il faisait ses débuts dans la station de la société évangélique de France au faubourg Saint-Antoine), il put donner du temps à la critique littéraire. Je n'hésite pas à dire qu'après Vinet nous n'avons pas eu de critique qui ait mieux suivi dans la littérature contemporaine le mouvement même de l'esprit et de l'âme à notre époque et mieux su en tirer cette admirable apologétique que Tertullien définissait : le témoignage de l'âme naturellement chrétienne. Comme il était habile à discerner et à mettre en lumière ces aspirations du cœur humain toujours inquiet tant qu'il n'est pas arrivé à se reposer en Dieu, selon le mot sublime de saint Augustin : *Cor humanum inquietum donec requiescat in Deo !* Eugène Bersier a écrit dans cet ordre de sujets des pages exquises que je voudrais voir réunies et publiées.

Cette même psychologie, si vraie, si délicate, on la retrouva dans sa prédication, quand il monta bien jeune encore dans la chaire de la chapelle Taitbout. Quels souvenirs j'ai gardés de cette première période de sa carrière de prédicateur ! Comme il savait unir la fermeté de sa foi tout ensemble forte et large à une connaissance déliée du cœur humain et aussi de l'état des esprits, des besoins particuliers de son temps ! L'accord chez lui entre la forme et le fond était déjà complet. On sentait une ardeur concentrée qui se révélait par éclairs saisissants dans la trame serrée du discours, dont la forme était à la fois correcte et moderne. Au reste, je n'ai qu'à renvoyer aux premiers volumes des sermons de M. Bersier qui ont eu une si large circulation. Mais ma pensée est revenue d'elle-même à ces beaux débuts de prédicateur qui ont tenu toutes leurs brillantes promesses, sans qu'il soit nécessaire d'y insister.

Ce qu'a été le pasteur, l'ami des affligés, le catéchiste incomparable, l'activité qu'il a déployée dans la direction des Églises auxquelles il a appartenu, on vous l'a dit. Je reste persuadé que son initiative dans la réforme du culte protestant, pour y faire une part plus large à l'adoration, portera ses fruits dans l'avenir.

La modification qui se produisit après 1870 dans ses vues

ecclésiastiques ne l'empêchait pas de redire ce grand mot de Pascal : Bel état de l'Église quand elle ne dépend que de Dieu. Là était son idéal pour l'avenir. S'il crut devoir se rattacher à l'Église réformée concordataire, il est toujours demeuré invariablement fidèle aux principes de l'Alliance évangélique. Il n'excluait aucune portion de notre protestantisme français de l'héritage historique de la Réforme. Dernièrement il s'exprimait à cet égard avec une noble largeur à l'occasion de la fédération qui vient de se former entre nos diverses Sociétés d'évangélisation en vue d'un objet spécial.

Ce qu'a été sa puissance de volonté, sa persévérance infatigable, l'érection même de ce temple où nous sommes réunis et la récente inauguration de la statue de Coligny, préparée par ses admirables conférences et son beau livre historique sur l'amiral, le disent suffisamment! Hélas! le jour même où Dieu nous le reprenait, mourait un des vétérans les plus respectés de notre protestantisme, un de nos plus chers et vénérés amis, M. le comte Jules Delaborde, qui avait consacré le premier à Coligny un livre monumental, qui fût comme sa première statue.

Ce n'est pas seulement l'Église, c'est la patrie française qui est frappée au cœur par la mort soudaine d'Eugène Bersier. Combien il l'aimait, cette France à laquelle il appartenait par le plus beau des droits de naissance, comme fils de proscrits de la Révocation. Il avait réclamé ce droit pour remplir tous les devoirs du citoyen le plus dévoué, le plus libéral, sachant à l'occasion protester contre de fâcheux entraînements, comme il le fit par sa belle brochure contre le trop fameux article 7. Personne n'a déployé plus d'activité que lui pendant le siège pour l'organisation de nos ambulances. Il trouva les accents de la plus pénétrante éloquence dans ces réunions du club de la Porte-Saint-Martin, où avec un groupe de sincères libéraux nous cherchions à entretenir le patriotisme de nos concitoyens et à le préserver des folies qui le menaçaient.

Pendant les terribles jours de la Commune, nous étions sous le même toit, sa maison étant dans la possession des insurgés. Nous avons traversé ensemble ces angoisses, ces douleurs sans nom, ne pouvant que crier à Dieu pour notre malheureuse cité.

Sur le large développement de sa carrière depuis cette date, je n'ai rien à ajouter à ce que vous connaissez tous. J'ai tenu à apporter mon témoignage de frère, pour la période où nos efforts ont été étroitement associés. Ce que je pleure en lui, surtout à cette heure, c'est l'ami au cœur sympathique avec lequel je marchais toujours plus profondément d'accord pour le grand but à atteindre dans les crises de la patrie et de l'Église. Je ne puis dire ce que me fait éprouver comme à vous la pensée du vide immense qui s'est creusé à ce foyer où il était entouré, comme chef de famille, de toutes les tendresses qu'il méritait. Ah! nous ne pourrions supporter la pensée de cette douleur, qui est la nôtre, surtout en songeant à celle qui en est tout d'abord transpercée, si nous ne croyions que l'hôte de Béthanie est entré dans cette maison de deuil à l'heure même où la mort y pénétrait, pour y faire voir la gloire de Dieu.

Mais quel accablant mystère que cet enlèvement, dans la plénitude des forces morales et intellectuelles, de ceux qui semblent le plus nécessaires aux jours des luttes décisives!

Croyons sans faiblir que c'est un mystère d'amour. Croyons surtout que nous ne sommes tous que des instruments inutiles, quand nous nous comparons à la main puissante qui se sert de nous pour un jour; laissons-nous briser par elle en la bénissant; et, en nous courbant sous ses coups, disons-nous que c'est dans notre infirmité et notre détresse que sa force éclatera le mieux, tout en étant remplis de gratitude pour le don qu'il nous a fait d'hommes, de chrétiens comme Eugène Bersier, qui, quoique morts, nous parleront encore.

DISCOURS

DE

M. LE PASTEUR DHOMBRES

Après tout ce qui vient d'être dit, ce n'est pas un discours que je veux prononcer : c'est un cri de douleur et de foi qui s'échappera de mon âme, en présence du cercueil où repose mon frère en Jésus-Christ, mon collègue et mon ami, Eugène Bersier.

Elle est donc entrée dans le grand silence, cette parole à la fois calme et puissante, semblable à un beau fleuve qui roule ses eaux profondes; — cette parole, qui s'adressait, comme une large apologie du christianisme, aux instincts les meilleurs et les plus généreux de notre siècle, sans lui sacrifier jamais les droits de la vérité et la sainte folie de la croix; — cette parole qui nous entraînait vers les horizons célestes et qui, en même temps, restait humaine, éminemment sympathique aux douleurs de l'âme, comme aux souffrances de notre peuple, toute pénétrée de la divine compassion de Jésus-Christ pour les affligés, les pauvres, les faibles et les déshérités de la vie; — cette parole, aussi élevée que simple, qui attirait depuis bien des années, au pied de la chaire de l'Étoile, des esprits d'élite, souvent tourmentés par le doute, en même temps que des milliers d'âmes naïves, avides de foi, d'apaisement et d'espérance. — Et lorsque cette parole avait retenti dans cette enceinte, elle allait encore, multipliée par la presse sous la forme de volumes de *Sermons* que nous avons tous entre les mains, continuer son œuvre silencieuse, mais puissante, à Paris, en province et à l'étranger, féconder, dans la méditation du cabinet, la pensée de centaines de pasteurs qui lui doivent le meilleur de leurs convictions.

Elle se tait maintenant, cette parole, elle s'est tue pour toujours!... O mystère!... L'auditoire réuni ici dimanche dernier entendait pour la dernière fois l'éminent prédicateur, et, pour la dernière fois aussi, lundi soir, il parlait à cet autre auditoire populaire du boulevard Ornano, qu'il aimait d'une affection si touchante... puis il rentrait dans ce *home* chéri, tout fait de poésie et de tendresse... puis, quelques heures après, il était mort... ou plutôt, par la porte tragique d'une mort soudaine, il entrait dans la vie.

Départ foudroyant mais triomphant! Départ qui a fait apparaître devant nos yeux une grande scène biblique : Élie enlevé au ciel sur un char de feu. C'était aussi un char de feu que cette activité dévorante qui l'a consumé et conduit si rapidement dans la gloire. Ah! nous comprenons le cri d'Élisée témoin de l'enlèvement de son maître : « Mon père, mon père : chariot d'Israël et sa cavalerie! » Et nous aussi, nous l'appelions père et maître! Nous lui disions dans le secret de notre cœur, avec une admiration sincère : « Tu es le premier, tu es l'honneur et la gloire du protestantisme français! » Il en était aussi le rempart vivant ; soldat qui valait toute une armée, il se portait sur tous les points menacés pour défendre la foi et les libertés de l'Église. Et, en le voyant disparaître, il nous semble à tous que nous perdons une de nos forces les plus glorieuses.

Mais les hommes passent et l'Éternel demeure. Si nous pouvions l'oublier, si, dans l'égarement de notre douleur, nous étions tentés de confondre, même un instant, le serviteur avec le Maitre, c'est lui qui nous arrêterait..., c'est lui qui nous dirait, du fond de son cercueil : « Non, non, l'Église n'a qu'un Maître, l'Église n'a qu'un Chef, l'Église n'a qu'une Force : c'est Jésus-Christ, — Jésus-Christ, qui est le même hier, aujourd'hui, éternellement. »

Qui ramassera le manteau d'Élie? — C'est à nous, pasteurs, qu'il appartient de le ramasser, c'est à vous surtout, les jeunes, vous qui jouissez de la plénitude de vos forces et qui avez devant vous les longs jours, les longs espoirs... La cause de Dieu n'est pas soutenue seulement par des talents exceptionnels ; elle l'est aussi par les dons les plus obscurs, pourvu qu'ils soient déposés à ses pieds. « La moisson est grande », a dit Jésus-Christ, mais elle est lente à blanchir en cette fin de siècle sombre et troublée. Que Dieu nous donne beaucoup d'ouvriers pénétrés de l'esprit de leur Maître, prêts à servir, non à être servis, décidés à faire du ministère, non point le piédestal de leur orgueil, mais un autel où l'on offre chaque jour l'entier et joyeux sacrifice de soi-même. Que Dieu nous donne des travailleurs, des combattants, qui ne se lassent jamais, théologiens, pasteurs, prédicateurs, hommes de science ou de parole, mais tous portant au cœur la flamme de l'apôtre, la flamme du prophète!

Eugène Bersier, tu fus de ceux-là!... Que ton souvenir reste parmi nous comme une de nos meilleures inspirations! — Adieu au nom de ta veuve, de tes fils, de tes filles, de tes petits-enfants et des divers membres de ta famille confondus dans les mêmes larmes. Adieu au nom de cette autre veuve, l'Église de l'Étoile, que tu as tant aimée, où les pauvres comme les riches te pleureront toujours. Adieu au nom de tes collègues de Paris et de la province, au nom de l'Église réformée et de toutes nos Églises. Adieu au nom de la Suisse où tu es né, au nom de la France, ta seconde patrie, dont tu as porté dans ton noble cœur les abaissements comme les espérances, que tu as servie avec passion aux jours de ses revers, que tu servais encore naguère lorsque, sous ton inspiration généreuse, nous élevions un monument à l'une de ses plus pures gloires... Adieu! Si désormais il y a entre toi et nous le grand silence, le grand voile, il y a aussi la foi qui déchire le voile, la foi qui s'empare de l'invisible et qui relie la terre d'exil à la patrie éternelle où tu nous attends.

CANTIQUE 202

Sainte Sion, ô patrie éternelle,
Palais sacré qu'habite le grand Roi,
Où doit sans fin régner l'âme fidèle,
Quoi de plus doux que de penser à toi!

Dans tes parvis tout est joie, allégresse,
Chants de triomphe, ineffables plaisirs.
Là, plus de deuil, plus de maux, de tristesse,
Là, plus d'ennuis, de langueurs, de soupirs.

Tes habitants ne craignent plus l'orage;
Ils sont au port, ils y sont pour jamais.
Un calme entier devient leur doux partage;
Dieu, dans leur cœur, fait déborder sa paix.

De quel éclat leur Dieu les environne!
C'est la splendeur de sa propre clarté.
Rien ne pourra leur ravir la couronne
Qu'Il leur donna dans sa fidélité.

Pour les élus il n'est plus d'inconstance,
Tout est soumis aux lois de son amour;
Sur eux le mal a perdu sa puissance,
C'est Dieu qui règne en l'éternel séjour.

Seigneur, conduis nos pas vers la patrie,
Introduis-nous dans ta sainte cité,
Pour contempler ta splendeur infinie
Et pour chanter à jamais ta bonté.

LITURGIE

Le ministre :

Prions Dieu.

« Éternel, écoute notre prière, et que notre cri monte à toi ! » (Ps. CII, 2.) « O Dieu, qui est semblable à toi? » (Ps. LXXI, 19.) Tu es le Dieu vivant, » (Jér. X, 10.) « le Roi des siècles, immortel, invisible. » (Tim. I, 17.) « Tu habites dans l'éternité. » (Esaïe LVII, 15.) « Ton règne est un règne de tous les siècles, et ta domination subsiste dans tous les âges. » (Ps. CXLV, 13.) Seigneur, aie pitié de nous !

L'assemblée ;

Seigneur, aie pitié de nous!

Le ministre :

« C'est toi qui nous consoles », ô Éternel (Esaïe LI, 12), « car tu sais bien de quoi nous sommes faits. » (Ps. CIII, 14.) « Tu ranimes les esprits humiliés et les cœurs contrits. » (Esaïe LVII, 15.) Tu dis « à ceux qui ont le cœur troublé : Prenez courage et ne craignez plus, je suis votre Dieu. » (Esaïe XXXV, 4.) Viens donc « soutenir ceux qui sont prêts à tomber et relève ceux qui sont abattus. » (Ps. CXLV, 14.)

« Augmente leur foi » (Luc XVII, 15), fortifie leur espérance et fais-leur la grâce de pouvoir dire avec notre Sauveur en Gethsémané : « Que ta volonté soit faite et non pas la nôtre. » (Luc XXII, 42.) Seigneur, aie pitié de nous!

L'assemblée :

Seigneur, aie pitié de nous!

Le ministre :

Seigneur Jésus-Christ, Fils de Dieu, « Agneau de Dieu qui ôtes le péché du monde » (Jean I, 29), « à qui pourrions-nous aller qu'à toi? Tu as les paroles de la vie éternelle. » (Jean VI, 68.) « Tu es la résurrection et la vie. » (Jean XI, 25.) « O toi qui n'es pas venu pour condamner le monde, mais afin que le monde soit sauvé par toi » (Jean III, 17), toi qui ne dédaignes pas de nous appeler tes frères » (Hébr. II, 11), toi « qui as été un homme de douleurs, et qui sais ce que c'est que la souffrance » (Esaïe LIII, 3), viens en aide à ceux qui t'invoquent. Par tes larmes, par ton agonie et ta sueur sanglante, par ta mort rédemptrice, Seigneur, aie pitié de nous!

L'assemblée :

Seigneur, aie pitié de nous!

Le ministre :

« Quand nous marcherons dans la vallée de l'ombre de la mort » (Ps. XXIII, 4), quand nos yeux seront obscurcis par les ténèbres de l'heure suprême, quand notre âme devra livrer le dernier combat, alors souviens-toi de nous, Seigneur, car notre espérance est en ta miséricorde. O toi qui nous as sauvés, assiste-nous jusqu'à la fin, ô toi qui as vaincu la mort, donne-nous la victoire, et introduis-nous dans ton repos éternel et dans l'assemblée de tes rachetés. Seigneur, aie pitié de nous!

L'assemblée :

Seigneur, aie pitié de nous!

Le ministre :

« Mon âme, pourquoi t'abats-tu et frémis-tu au dedans de moi? Espère en Dieu, car je le célébrerai encore. Il est ma délivrance et mon Dieu. » (Ps. XLII, 6.)

Que la grâce de notre Seigneur Jésus-Christ, et l'amour de Dieu notre Père, et la communion du Saint-Esprit soient avec nous tous. Amen!

L'assemblée :

Que la grâce de notre Seigneur Jésus-Christ, et l'amour de Dieu notre Père, et la communion du Saint-Esprit soient avec nous tous. Amen!

Le ministre :

Allez en paix, souvenez-vous des pauvres, et que le Dieu de paix soit avec vous tous. Amen!

L'assemblée :

Amen!

APPENDICE

M. le baron FERNAND DE SCHICKLER, président de la Société de l'histoire du protestantisme français, a bien voulu autoriser l'impression du discours suivant, qui n'a pu être prononcé au service funèbre de M. le pasteur BERSIER.

DISCOURS

DE

M. LE BARON DE SCHICKLER

Messieurs,

Dans le deuil qui accable notre protestantisme, frappé en celui dont la parole lui était si chère, l'activité si féconde et si bénie, s'unissent et se confondent non seulement la douleur des fidèles, des collègues dans le ministère, de tous ceux qui l'ont approché, mais aussi le deuil des œuvres auxquelles il avait donné une large part de lui-même et de son inépuisable dévouement.

Il y a sept ans, la Société de l'Histoire du Protestantisme français offrait à M. le pasteur Bersier d'entrer dans son Comité : sans oser espérer de lui un concours assidu, elle tenait à honneur de l'y posséder. Elle savait que, dans cette haute intelligence, il y avait place pour toutes les nobles sympathies : elle savait surtout que M. Bersier ne séparait pas l'histoire protestante de la foi protestante ; que l'une lui était la vivante démonstration de l'autre, qu'il regardait comme un devoir sacré d'évoquer, de sauver la mémoire des pères, trop souvent oubliée par les enfants, et de montrer, dans les longues épreuves de notre Jérusalem, les constantes miséricordes et les délivrances de Dieu.

Il n'était pas de ceux qui se désintéressent du passé. Il allait le prouver avec cette énergie sereine et inébranlable qui, au milieu d'écrasants labeurs, trouve du temps pour d'autres labeurs encore, ne se laisse pas arrêter par les obstacles, est toujours prête à se dépenser pour en triompher.

C'est dans cette même année 1882 que M. Bersier posait, si je puis ainsi parler, la première pierre du monument de Coligny, par un appel « *non à faire œuvre de secte ou de parti* », mais « *à honorer la France elle-même dans un de ses plus dignes fils* ». Cet appel qui sortait et de sa conscience aspirant à voir justice enfin rendue à un tel homme, et de son cœur ému de la grandeur morale du héros et du martyr, c'est aux consciences et aux cœurs de ses coreligionnaires qu'il voulut le faire retentir, en venant lui-même y frapper. Il y parvint... mais au prix de quels efforts, de quelles fatigues! Aujourd'hui à Paris, demain dans les Cévennes, à Montauban, à Toulouse, à Marseille, dans bien d'autres villes encore, il a rempli avec un incomparable éclat la tâche ingrate du collecteur : franchissant les frontières, il allait jusqu'à Strasbourg, Mulhouse, Genève, Lausanne, Neuchâtel, en Hollande, en Angleterre, glorifier la France en disant ce que voulait, ce que croyait, ce qu'était ce grand huguenot.

Il faisait là œuvre d'historien. Cette œuvre, il la continua en publiant, en 1884, *Coligny avant les guerres de religion :* dans ce beau volume, qui nous en promettait d'autres, il était amené à étudier déjà ces questions multiples et complexes qui se sont posées au seizième siècle, l'état moral de la France, le caractère de sa Réforme, la situation des protestants, leur droit de défendre la liberté de conscience qu'on leur refusait.

L'année suivante, messieurs, nous célébrions à l'Oratoire l'anniversaire de la Révocation. Vous vous souvenez du tableau saisissant, retracé par M. Bersier, de « cette grande iniquité nationale, de cette violation des deux sanctuaires, la famille et la conscience ». Vous l'entendez encore, après avoir constaté la compensation, pour le protestantisme en général, de ces expulsions et de ces exodes, s'écrier : « *Tout cela ne nous console pas... Nous sentons la blessure faite à la patrie... Ces trésors perdus, ces vertus, il nous les fallait.* » Vous l'entendez demander aux ancêtres « *de faire passer dans nos âmes quelque chose des leurs* », de faire de leurs descendants « *de meilleurs citoyens, des chrétiens plus dignes de leur histoire et de leur Dieu !* »

Dans ce même temple de l'Oratoire, il y a quelques mois, une solennité bien différente nous réunissait autour de lui. Peut-être jamais sa parole n'a semblé plus élevée, plus éloquente, plus magistrale qu'en ce jour de fête vraiment protestante de l'inauguration du monument de Coligny. Ah ! bénissons Dieu, même du sein de notre déchirement, de ce qu'Il nous l'a laissé au moins jusqu'à ce jour-là. En sept années le but était atteint : la noble figure se dressait, comme il l'avait rêvé, en plein Paris. N'est-il pas vrai, messieurs, que le nom, le souvenir de M. Bersier, y resteront indissolublement attachés?

Il avait achevé cette œuvre. Ouvrier infatigable, il en projetait d'autres. « Il faut nous occuper maintenant de terminer la France protestante », disait-il ces derniers jours encore ; « il y a là une tâche qui s'impose. » Vous le voyez, il avait pris à cœur ses devoirs d'historien, comme il les prenait tous, au delà de ce qui paraît demandé aux volontés, aux forces humaines. Mais aussi l'heure du repos, du repos pour ici-bas, était prête à sonner.

L'avenir dira tout ce que nous possédions, tout ce que nous avons perdu. En lui rendant un suprême hommage d'attachement et de gratitude, c'est avec lui-même que nous répéterons : « Hélas ! nous ne pouvons plus faire revivre des morts, mais ce sera du moins notre devoir et notre consolation que de rappeler ce qu'ils furent. »

SERMON

PRÊCHÉ A L'ÉGLISE ÉVANGÉLIQUE DE L'ÉTOILE

LE DIMANCHE 24 NOVEMBRE 1889

PAR

M. LE PASTEUR PICARD

PSAUME LXXIII

Oui, Dieu est bon pour Israël, pour ceux qui ont le cœur pur. Toutefois, mon pied allait fléchir, mes pas étaient sur le point de glisser. Car je portais envie aux insensés, en voyant le bonheur des méchants. Rien ne les tourmente jusqu'à leur mort, et leur corps est chargé d'embonpoint. Ils n'ont aucune part aux souffrances humaines, ils ne sont point frappés comme le reste des hommes. Ainsi, l'orgueil leur sert de collier, la violence est le vêtement qui les enveloppe; l'iniquité sort de leurs entrailles; les pensées de leur cœur se font jour. Ils raillent et parlent méchamment d'opprimer; ils profèrent des discours hautains. Ils élèvent leur bouche jusqu'aux cieux, et leur langue se promène sur la terre.

Voilà pourquoi son peuple se tourne de leur côté, il avale l'eau abondamment, et il dit : Comment Dieu saurait-il, comment le Très-Haut connaîtrait-il? — Ainsi sont les méchants : toujours heureux, ils accroissent leurs richesses. C'est donc en vain que j'ai purifié mon cœur et que j'ai lavé mes mains dans l'innocence : chaque jour je suis frappé, tous les matins mon châtiment est là. Si je disais : Je veux parler comme eux, voici, je trahirais la race de tes enfants.

Quand j'ai réfléchi là-dessus pour m'éclairer, la difficulté fut grande à mes yeux, jusqu'à ce que j'eusse pénétré dans les sanctuaires de Dieu et que j'eusse pris garde au sort final des méchants. Oui, tu les places sur des voies glissantes, tu les fais tomber et tu les mets en ruines. Eh quoi! en un instant les voilà détruits! Ils sont enlevés, anéantis par une fin soudaine! Comme un songe au réveil, Seigneur, à ton réveil, tu repousses leur image.

Lorsque mon cœur s'aigrissait, et que je me sentais percé dans les entrailles, j'étais stupide et sans intelligence, j'étais à ton égard comme les bêtes. Cependant, je suis toujours avec toi, tu m'as saisi par la main droite; tu me conduiras par ton conseil, puis tu me recevras dans la gloire. Quel autre ai-je au ciel que toi? et sur la terre je ne prends plaisir qu'en toi. Ma chair et mon cœur peuvent se consumer; Dieu sera toujours le rocher de mon cœur et mon partage. Car voici, ceux qui s'éloignent de toi périssent; tu anéantis tous ceux qui te sont infidèles. Pour moi, m'approcher de Dieu, c'est mon bien; je place mon refuge dans le Seigneur, l'Éternel, afin de raconter toutes tes œuvres.

Mes frères,

Ce n'est pas sans une poignante émotion que je viens de monter dans cette chaire, et que j'entends maintenant ma voix dans ce temple où retentit encore l'écho d'une voix connue et aimée que la mort a fait taire pour jamais. Qu'elle avait donc d'autorité et de puissance, cette voix qui, ici et ailleurs, attirait les foules, et qu'elle avait donc aussi de douceur! Dieu seul connaît tous les esprits dans lesquels elle a porté la lumière et tous les cœurs dans lesquels elle a répandu la paix. Il nous eût été si bon, si nécessaire, semble-t-il, de l'entendre longtemps, bien longtemps encore!... Aussi, quand nous nous prenons à penser que la main de Dieu a fermé ces lèvres, nous ne parvenons pas à le comprendre, et même, si je juge de votre cœur par le mien, nous ne parvenons pas à le croire; et bien souvent encore, quand nous nous assiérons au pied de cette chaire, nous serons étonnés de n'y point voir ce noble visage et de n'y point entendre cette noble parole.

Mes frères, je ne veux point consacrer cette prédication à évoquer et à bénir la mémoire de celui que nous pleurons. J'y avais un moment songé, je vous l'avoue, mais il m'a paru que, même en ce lieu tout plein de son souvenir, j'allais dire : tout plein de sa présence, nous n'avions pas le droit de transformer ainsi le culte que nous sommes venus rendre au Seigneur, — et je me suis dit que lui-même aussi ne l'eût pas approuvé. — Mais, s'il ne nous est pas permis de glorifier ici celui que Dieu a glorifié dans son ciel, si notre culte doit être consacré à Dieu lui-même et à lui seul, je ne crois pas, cependant, qu'il nous soit défendu de chercher dans sa Parole, pour le méditer, quelque passage qui corresponde au deuil de nos pensées, et qui procure à nos âmes un peu de consolation et de paix. C'est dans ce dessein que je me propose de méditer avec vous le psaume d'Asaph, que je vous ai lu tout à l'heure.

I

Le Psalmiste commence par affirmer la bonté de Dieu envers son peuple : « Oui, Dieu est bon pour Israël, pour « ceux qui ont le cœur pur. Cependant... » Ici le Psalmiste s'interrompt. Il y a un *mais* dans sa pensée à lui aussi, comme il y en a si souvent dans la nôtre. Il proclame l'amour de Dieu « et, cependant »..., dit-il tristement. C'est-à-dire que, au moment même où il commence sa prière, il sent le doute monter à son cœur, comme cela nous est arrivé peut-être plus d'une fois.

Et quelle était donc la cause de ce doute ? La voici :

En considérant le monde, le Psalmiste a été frappé d'un contraste qui lui a paru étonnant et, tout d'abord, incompréhensible. Il a vu sur la terre le méchant heureux, le méchant « qui se pare de l'orgueil comme d'un collier et « de la violence comme d'un vêtement », le méchant « qui fait monter jusqu'au ciel » ses paroles de blasphème, et dont « la langue perfide parcourt la terre » pour y semer la discorde et la haine... Cet homme-là, qui lui semblait digne des châtiments les plus impitoyables, il l'a vu réussir dans ses entreprises; il l'a vu épargné par la main de l'épreuve. Et ce n'est pas tout. A ce premier scandale est venu pour lui s'en ajouter un autre : il a vu le juste frappé des coups les plus terribles; il a vu « l'homme qui a purifié « son cœur et qui a lavé ses mains dans l'innocence », il l'a vu « battu tous les jours et châtié tous les matins ».

Voilà ce qu'il a vu. « Et quand j'ai réfléchi sur ce sujet », nous dit-il naïvement, « la difficulté a été grande à mes yeux », et il nous avoue même que « peu s'en est fallu que ses pieds n'aient glissé », ou, comme nous dirions aujourd'hui, que sa foi n'ait chancelé. Et si sa foi robuste a résisté à cette redoutable épreuve, il n'en a pas été de même de celle des autres; et le Psalmiste nous fait entendre la plainte incrédule de ses contemporains, témoins de cette apparente contradiction entre la justice divine et les faits : Qui sait si Dieu s'occupe de nos affaires, qui sait même s'il les connaît? — « Comment Dieu saurait-il et comment le Très-Haut « connaîtrait-il? »

Ce doute-là, nous sommes bien obligés d'en convenir, il est humain. D'ailleurs, il n'y a rien d'aussi humain que le doute. Le doute, il est vieux comme le péché dont il est le compagnon inséparable. Le jour où l'homme a transgressé la loi divine, la face de Dieu s'est voilée à ses regards désormais incapables d'en supporter l'éclat, et la voix de

Dieu, qui jusqu'alors avait fait doucement vibrer son cœur, ne se fit plus entendre directement à lui. Alors l'homme, ne voyant plus Dieu, se demanda si Dieu pouvait le voir, et, ne l'entendant plus, il se demanda si Dieu pouvait l'entendre. Et d'âge en âge, la même question est venue, sur les lèvres de l'homme pécheur, se mêler à des cris de souffrance, et parfois à des paroles de blasphème : « Comment « Dieu saurait-il? Comment le Très-Haut connaîtrait-il? »

Et ce qui rend cette question particulièrement angoissante pour nous, comme pour le Psalmiste et pour ses contemporains, c'est qu'elle n'est pas provoquée par les mystères de la Révélation, mais par des faits.

Vous parlez de la justice et de l'amour de Dieu, mais il y a des faits qui semblent démentir brutalement tous vos discours et qui mettent à néant toutes vos théories. Voici un homme méprisable à qui tous les moyens sont bons, et il réussit dans toutes ses entreprises, et, avec le succès, il trouve, cela va sans dire, les faveurs de l'opinion, toujours indulgente... pourvu qu'on réussisse. Et voici un homme laborieux et intègre, incapable de transiger jamais avec sa conscience, et il échoue, il échoue dans tout ce qu'il entreprend, et tous ses efforts aboutissent à la ruine et, peut-être même, au déshonneur. — Voici un homme qui, après avoir gaspillé sa jeunesse, est arrivé à la maturité et, dégoûté du plaisir dont il a savouré tous les déboires, a éprouvé le besoin de se ranger, comme on dit. Il a fait une fin, une fin des plus honorables... Toutes les portes se sont ouvertes devant lui, car, dans notre société dégénérée, la vertu elle-même n'a plus d'anathèmes pour le vice. Voilà donc le coupable épargné. Et maintenant, voici l'innocence punie : au foyer, que cet homme a fondé, voici un enfant chétif et souffreteux, un enfant au front pâle et aux lèvres sans sourire, entrant dans la vie courbé sous des hontes qu'il ignore et expiant sans le savoir des fautes qu'il n'a pas commises.

Mais voici un autre contraste qui, ces jours-ci, a peut-être obsédé votre pensée. Voici un homme qui embarrasse le monde de son inutile présence ; un paresseux qui n'a jamais servi de rien ni à la société, ni à l'Église, ni à personne, une branche morte sur l'arbre de l'humanité ; et cet homme jouit d'une santé inaltérable, il a tout ce qu'il faut pour vivre un siècle, et la mort, qui frappe autour de lui tant de coups imprévus, le respecte et l'épargne. — Et voici un héros en Israël, un homme qui n'était pas seulement nécessaire au bonheur de sa famille et à la prospérité de son Église, un homme dont la société tout entière et dont l'Église universelle avaient besoin, un homme vers lequel, au milieu de nos luttes, nous tournions les yeux avec confiance, comme des soldats qui, au fort de la mêlée, regardent à celui qui porte leur drapeau et se rallient autour de lui. Et hier, on est venu nous dire une chose étrange, une chose qui nous a frappés de stupeur, une chose à laquelle nous n'avons pas voulu croire : ce fort et ce vaillant est tombé... tombé au moment où il était plus vaillant et plus fort que jamais, tombé en plein combat, tombé en un instant.

Que d'autres essaient de pénétrer ce mystère, que d'autres ébauchent, s'ils le veulent, quelque profonde et pieuse explication, — moi... je n'ai pas le courage d'essayer et j'avoue humblement que je ne comprends pas.

Sans doute, nous chrétiens, nous qui avons fait l'expérience de la fidélité de Dieu, nous ne laisserons pas le doute prévaloir dans notre âme; car nous savons bien que ne pas comprendre n'est pas une raison pour ne pas croire. — Mais ne soyons pas trop sévères pour ceux qui, en présence de telles énigmes, sentent chanceler leur foi, et ne refusons pas notre compassion à ceux qui, troublés par les expériences décevantes de la vie, se prennent à murmurer la plainte qu'avait plus d'une fois entendue le Psalmiste : « Comment Dieu saurait-il, et le Très-Haut connaîtrait-il ? »

II

Comme vous le voyez, le commencement de ce psaume n'est pas encourageant. Mais écoutons la suite et voyons comment le Psalmiste va échapper lui-même à ce doute qui, un moment, a effleuré son âme.

« Tout cela, nous dit-il, m'a semblé fort difficile à expli-
« quer jusqu'à ce que je sois entré dans le sanctuaire de
« Dieu. » Ainsi tout est resté obscur pour le Psalmiste aussi longtemps qu'il s'est borné à réfléchir, à raisonner, — et tout s'est expliqué le jour où il est entré dans le sanctuaire de Dieu, c'est-à-dire le jour où il s'est prosterné, le jour où il a adoré. C'est ainsi que le Psalmiste parvient à pénétrer le secret de Dieu; et, aujourd'hui encore, je ne sache pas qu'il y ait d'autre moyen que celui-là pour arriver à la lumière.

Examinez tous les dogmes de la religion chrétienne, même les plus simples, les plus élémentaires. Réfléchissez, discutez, faites appel à tous les arguments de la raison, de l'expérience et de l'histoire. Je ne prétends pas sans doute que ce soit un inutile labeur, et cependant, je crains bien que, au bout de tous vos raisonnements, vous ne trouviez toujours une objection.

Essayez maintenant de la méthode du Psalmiste : entrez dans le sanctuaire, mettez-vous à genoux et adorez, — et, dans cette heure d'adoration vous en apprendrez davantage, j'ose dire, que dans toute une vie d'études profondes et de raisonnements ingénieux, parce que, dans cette heure où vous serez prosternés, le Dieu de loin deviendra le Dieu de près, et le Dieu abstrait de votre pensée deviendra le Dieu vivant de votre cœur.

Il y a, à Rome, un célèbre escalier qui, dit-on, y a été apporté par les anges ; et cet escalier, on ne doit pas le fouler avec les pieds ; on ne doit le gravir qu'à genoux. La vérité religieuse, elle aussi, est une *scala santa* qui va de la terre au ciel et qu'on ne doit gravir qu'à genoux ; on ne s'élève dans le mystère de la vie divine et l'on ne passe d'un degré à l'autre qu'après s'être prosterné et après avoir adoré.

Et ce que je dis des mystères de la doctrine, je le dis également des mystères de la vie humaine et de ces objections de l'expérience qui sont bien plus redoutables que celles de la raison. — Voyez-vous, il me semble que nous raisonnons beaucoup trop. Il y a des cas où l'aveu de notre ignorance est encore ce qu'il y a de plus raisonnable, des cas où l'on profane la douleur en voulant l'expliquer, des cas où la sagesse consiste à mettre notre main sur notre bouche et à nous taire. En présence de la douleur nous faisons trop de discours, trop de dissertations, trop de théologie ; et nous avons tellement l'habitude de faire cela que nous le faisons même quand il s'agit de nos propres douleurs : nous voulons analyser ce qui ne s'analyse pas, nous voulons expliquer l'inexplicable, et, dans cet effort, nous ne trouvons ni la lumière ni la paix.

Oh! que la méthode du Psalmiste est meilleure que la nôtre! Faisons comme lui, entrons dans le sanctuaire. Entrons-y pour les autres, et la prière d'intercession que nous ferons monter pour ceux qui souffrent leur vaudra mieux que tous nos discours. Entrons-y pour nous-mêmes, si nous-mêmes nous sommes dans l'épreuve. Entrons-y et nous prosternons et disons à Dieu : « Mon Dieu, je ne comprends pas, et même je n'essaie pas de comprendre. Je ne comprends pas, mais je crois... ou du moins je veux croire, — car je sens que le malheur suprême, ce n'est pas d'être pauvre, malade, affligé, ce n'est pas de dire l'éternel adieu à ceux qui restent, ni même de le dire à ceux qui partent; non, le malheur suprême, c'est de voir, ô Père céleste, ta face adorable se voiler à nos regards, c'est de ne plus entendre ta voix, c'est de ne plus sentir le battement de ton cœur, c'est de vivre, c'est de souffrir, c'est de mourir sans toi. » — Et dans cet acte d'adoration, nous trouverons la paix d'abord, la paix certainement, et par surcroît nous trouverons la lumière.

Qu'on me comprenne bien.

Je ne veux pas dire que, dans l'adoration, nous trouverons toujours la réponse à nos pourquoi; je ne veux pas dire que nous y trouverons nécessairement l'explication de telle ou telle épreuve particulière; et, pour ne parler que de celle qui vient de nous frapper, il est probable que nous n'en comprendrons le mystère que quand nous serons parvenus là-haut au pays de la lumière. Mais si, dans l'adoration, nous ne découvrons pas le but spécial et la raison cachée de chacune de nos épreuves, nous y découvrirons Dieu lui-même et des trésors de son amour que nous ne connaissions pas encore.

Sans doute, c'est quelque chose d'apprendre à connaître Dieu par les bienfaits dont Il nous comble et de découvrir son amour dans les joies qui marquent le cours de notre vie ici-bas. Mais cela, ce n'est que le premier degré de la connaissance, le degré élémentaire. Il nous faut monter plus haut, et, pour monter, pour grandir dans la connaissance de Dieu, il faut, comme le Psalmiste, aller, en pleurs, nous prosterner dans le sanctuaire. Nous ne connaissons bien l'amour de Dieu que quand nous l'avons adoré dans la souffrance et quand, au travers de nos larmes, nous avons contemplé la face du Père céleste et rencontré son regard plein de compassion.

III

D'ailleurs, le Psalmiste nous raconte lui-même ce qu'il a appris tandis qu'il était prosterné dans le sanctuaire, et nous n'avons qu'à l'écouter.

Dans le sanctuaire, il a appris à voir les choses sous leur vrai jour.

Et, d'abord, il a constaté que, pour les méchants, dont il était tenté d'envier le sort, le bonheur était un piège : « Tu « les as mis en des lieux glissants, tu les as conduits à des

« précipices » — et cela n'est pas seulement vrai pour les méchants, cela est vrai pour tout le monde : le chemin du bonheur est un chemin glissant, et souvent il conduit à des précipices.

Quand on voit des hommes heureux, dans la vie desquels se trouvent réunis tous les éléments du bonheur, on ne peut s'empêcher de se demander avec effroi ce que sera pour eux le jour de demain. Oh! le bonheur terrestre... il ne manque pas de gens par le monde qui y croyaient hier encore et qui pourraient nous dire aujourd'hui que c'est la plus incertaine et la plus fragile des choses d'ici-bas.

Mais si cela est vrai pour tout le monde, cela est vrai surtout pour l'homme qui vit sans espérance et sans Dieu.

Pour les chrétiens, il n'y a pas un châtiment qui ne se change en bienfait, et, pour le méchant (j'emploie toujours le mot du Psalmiste), il n'y a pas un bienfait qui ne puisse se changer en châtiment. Dieu a bien des manières de châtier les pécheurs, mais le plus terrible de ces châtiments, celui qui est déjà le sceau de la malédiction, c'est le châtiment qui, au lieu de frapper la chair pour sauver l'âme, perd l'âme en épargnant la chair. Ce châtiment, c'est le bonheur qui ne sanctifie pas, le bonheur qui endurcit le cœur, le bonheur qui endort l'être spirituel dans une fatale ivresse jusqu'au jour du réveil éternel, le bonheur « qui est un chemin glissant et qui conduit à l'abîme ».

Mais si le Psalmiste apprend dans le sanctuaire combien est fragile et redoutable le bonheur du méchant, il y apprend encore quelque chose de meilleur ; il y apprend combien sont précieux les privilèges de l'enfant de Dieu, quelle que soit d'ailleurs ici-bas sa part de bonheur ou sa part de souffrance, — et tous ces privilèges, il les résume par ce mot qu'il adresse à Dieu Lui-même : « Je serai toujours avec toi. » Toute la fin du psaume n'est que le développement de cette parole : « Toujours avec toi », et, en disant cela, le Psalmiste songe d'abord à la vie présente, car il ajoute immédiatement : « Tu m'as pris par la main « droite, et tu me conduiras par ton conseil. »

En effet, il ne nous suffit pas de savoir que nous serons toujours avec Dieu là-haut; nous avons besoin de savoir que nous serons déjà sur la terre toujours avec Lui, avec Lui sur le chemin que nous suivons ici-bas, Lui nous tenant par la main droite, Lui nous conduisant par son conseil. Ah ! qu'il est aride parfois et difficile, le sentier que nous foulons ! Comme nous avons de la peine à y marcher sans trébucher! Encore, si nous pouvions voir un peu loin devant nous! Mais non, nous marchons dans les ténèbres, et nous ne savons pas ce qu'il y a là-bas, au détour du chemin. Qui sait? Un abîme peut-être? Et, à cette pensée, voilà notre front mouillé de sueur et notre cœur palpitant de crainte. Eh bien! non, nous ne risquons rien, car « nous sommes « toujours avec Toi, Seigneur; tu nous as pris par la main « droite, et tu nous conduiras par ton conseil. »

Je connais les pensées de vos cœurs, parce que je connais les pensées du mien. Ayons le courage, vous et moi, de confesser ici même le mal qui, depuis cinq jours, a envahi notre âme, et auquel nous ne parvenons pas à nous soustraire. Je ne parle pas de notre commune douleur, qui est sacrée aux yeux du Seigneur, mais je parle de notre découragement; et nous, vos pasteurs (et, en parlant de vos pasteurs, je pense à moi tout d'abord), nous qui devrions vous donner l'exemple de la vaillance, nous n'y avons pas échappé. Nous cherchons des héros pour nous conduire au combat, nous cherchons des mains fidèles pour ressaisir notre drapeau, nous cherchons... et nous ne parvenons pas à regarder vers l'avenir sans tristesse et sans effroi. Eh bien! pasteurs et fidèles, disons-nous que nous n'avons pas le droit d'abandonner nos cœurs au découragement; que, si nous aimons l'Église, Dieu l'aime davantage encore; que, si les serviteurs succombent, Lui, le Maître, il est vivant aux siècles des siècles; et puis, tournons-nous vers Lui, et disons-Lui avec tout ce qui nous reste de courage et de foi : « Seigneur, nous sommes toujours avec Toi, tu nous pren- « dras par la main droite, et tu nous conduiras par ton « conseil. »

Voilà pour la terre, et voici maintenant pour l'éternité : « Tu me conduiras par ton conseil, et puis tu me recevras « dans la gloire, car quel autre que Toi ai-je au ciel? » Et c'est ainsi que le Psalmiste achève le développement de cette pensée : « Je serai toujours avec Toi. » Avec Toi sur la terre, dans les ténèbres de la route, et encore avec Toi dans le ciel, « dans la gloire ».

La gloire! comme ce mot est beau et comme cette pensée émeut nos âmes! Quand, tous les jours, nous subissons en gémissant les humiliations du péché; quand, tous les jours, l'ange de Satan nous soufflette de sa main détestée; quand nous sentons peser sur nous la chaîne de l'esclave; et quand, malgré la bonne opinion que le monde peut avoir de nous, nous sommes obligés de nous mépriser et de nous haïr nous-mêmes, mon Dieu, du sein de notre misère, nous aspirons à la gloire et nous tressaillons d'espérance en songeant qu'il y a quelque part, dans l'infini, par delà notre monde, par delà les cieux étoilés, une place pour la gloire. Ils sont là, ces héros que le Seigneur y a reçus après le combat. Ils sont là, le front couronné non de cette couronne que notre admiration leur avait tressée ici-bas, et qui, hélas! comme toutes les choses humaines, se flétrit du matin au soir, mais de cette couronne que l'Apôtre appelle la couronne de justice et qui ne se flétrira jamais. Ils sont là... et nous y serons aussi, disciples du Crucifié, fussions-nous les plus obscurs et les plus faibles d'entre eux. Nous serons là, dans cette même gloire, et nous aurons notre couronne, nous aussi, une couronne que nous n'avons pas méritée sans doute, mais que le Maître que nous servons nous a acquise par son sacrifice et que sa main nous a préparée. Nous serons là, et nous oublierons « dans la gloire » les douleurs et les humiliations de la terre.

Il est vrai que nous n'y sommes pas encore, il est vrai que nous sommes toujours dans le combat, et que nous ne savons quand il plaira à Dieu de nous donner la victoire et de nous introduire dans le repos de sa glorieuse demeure, — mais si nous sentons nos mains défaillantes et notre cœur découragé, tournons-nous vers cet horizon tout resplendissant de lumière, et levons nos yeux baignés de larmes vers ce ciel sans nuages et vers cette gloire sans ombres.

FIN

Paris. — Imp. de Ch. Noblet, 13, rue Cujas. — 14679

www.ingramcontent.com/pod-product-compliance
Ingram Content Group UK Ltd.
Pitfield, Milton Keynes, MK11 3LW, UK
UKHW022124260726
13993UKWH00003B/1223